NEW YORK POST

Train Your Brain Su Doku:
Fiendish

NEW YORK POST

Train Your Brain Su Doku:
Fiendish

150 Utterly Addictive Puzzles

from Su Doku Grand Master Wayne Gould

 COLLINS
An Imprint of HarperCollins *Publishers*
www.harpercollins.com

New York Post © 2008 by NYP Holdings dba *New York Post*.

NEW YORK POST TRAIN YOUR BRAIN SU DOKU: FIENDISH.
Copyright © 2008 by Wayne Gould. All rights reserved.
Printed in the United States of America. No part of this
book may be used or reproduced in any manner whatsoever
without written permission except in the case of brief
quotations embodied in critical articles and reviews. For
information, address HarperCollins Publishers,
10 East 53rd Street, New York, NY 10022.

HarperCollins books may be purchased for educational,
business, or sales promotional use. For information please
write: Special Markets Department, HarperCollins Publishers,
10 East 53rd Street, New York, NY 10022.

FIRST EDITION

ISBN 978-0-06-176278-9

08 09 10 11 12   RRD   10 9 8 7 6 5 4 3 2 1

Contents

Introduction

Since its launch in *The Times* in November 2004, Su Doku has become one of the most popular features of the paper and an international phenomenon. In a world where time is apparently a precious commodity, it is a testament to the addictive power of the puzzle that so many people can't wait to tackle it on a daily basis and with such intense concentration. *The Times* books, once they appeared in the bestseller lists, haven't budged since, showing their huge popularity with the book-buying public.

In this latest collection from Wayne Gould, try the ultimate mental workout with 150 all new Fiendishly tough Su Doku puzzles. Remember, these puzzles require no guesswork: logic will lead you to a single solution.

A valuable tip from Wayne Gould: "If you are writing too many pencil marks, it means you are not understanding how the puzzle works. You may be relying too much on mechanical procedures, without appreciating the underlying logic. If, in time, you can shake yourself free of written pencil marks, you will see the Su Doku puzzle for what it is—a thing of beauty!"

Puzzles

	5			3			6	
		8	6		1	2		
		4				1		
	6		8		4		1	
7								8
	9		1		7		5	
		7				8		
		6	4		2	9		
	1			8			2	

Fiendish

				2				
	3		4		6		8	
2		6		7		3		9
4								3
		5	9		1	7		
6								8
5		8		3		2		1
	2		8		4		7	
				9				

Su Doku

7			4	5		6		
8				2		9		4
	5			6				1
		4				3		
2				4			8	
1		5		8				7
		6		1	3			2

Fiendish

			9					
4	9		8	2				1
2					7		5	
		3		6		7	4	
	1	4		9		8		
	7		2					6
3				7	6		8	9
					5			

Su Doku

2			9		7			1
3		1						
				6				
	6	8	5				4	
		3				1		
	4				2	3	8	
				7				
						8		4
7			4		1			5

Fiendish

		2		3		6		
	5			1			2	
			2		8			
	2	9				5	4	
			9	8	3			
	1	8				3	6	
			3		7			
	4			2			5	
		6		4		2		

Su Doku

4	6		1		5	7		
							2	5
				8			6	3
			3				8	
5								9
	7				8			
2	8			4				
7	3							
		5	2		6		7	1

Fiendish

						7		2
			2	3	5		6	
2			9				5	
	6							5
9				7				1
3							4	
	9				1			7
	3		8	9	6			
1		2						

				7				
	1			3			2	
2		3				8		6
		6	5	2	9	1		
		7				5		
		8	6	1	7	2		
9		1				7		4
	8			5			1	
				4				

Fiendish

		5						3
7					9	1		
4			6		8			
	1				7		3	
5		8				7		6
	4		3				9	
			5		6			2
		4	2					7
1						3		

Su Doku

			8			5		
			3					9
	8		9				7	3
1	9			4		2		
		6				9		
		2		1			6	4
4	7				3		2	
2					7			
		3			6			

Fiendish

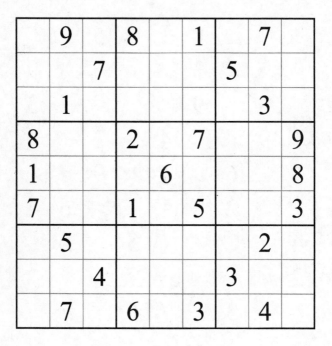

	4			6		7		
	7	3			2		6	
				9				2
					6	3	4	
	5						8	
	3	2	5					
6				1				
	1		2			6	9	
		4		8			5	

Fiendish

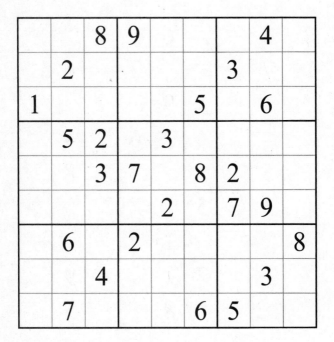

	6	1						3
9						5	7	
	5		2		1			
2	4	5		6				
				8		2	4	5
			7		6		1	
	8	7						2
3						4	9	

Fiendish

6	9		2				3	
					5			9
1				3			4	
		7		9				2
			8		3			
9				7		5		
	6			5				4
7			6					
	1				4		9	7

			7					
	9	3		5				
		1			3			8
			3			7	8	6
		2				5		
7	8	4			9			
3			4			8		
				8		1	9	
					1			

Fiendish

			1	4	7		2	
9			3				1	5
3				2				
	8				6			
		7				5		
			8				9	
				1				3
5	4				3			2
	3		2	7	9			

			8					
2	7	6						5
9			5				4	
5			9			7		
	3	7				8	9	
		2			7			3
	1				9			8
6						9	1	4
					4			

Fiendish

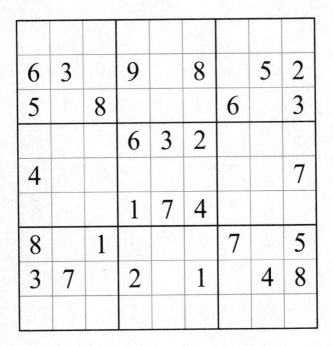

	8					5		
	1		9		8			
		2		6			7	
1				7	5			
	4			8			5	
			1	9				6
	6			2		3		
			4		6		9	
		7					8	

Fiendish

		3				2		
	8			7			1	
9			2		6			8
8		9				5		6
			4		5			
4		6				1		7
1			7		2			5
	6			1			7	
		8				4		

		7	8				5	
9				1	5			8
	7		2	4				6
		1				2		
5				3	1		7	
4			3	9				7
	2				8	1		

Fiendish

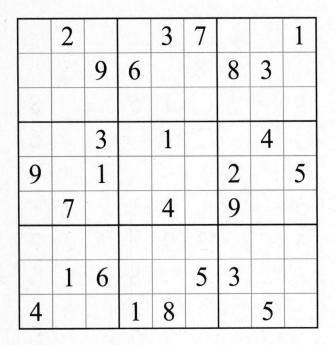

Su Doku

6			5		9			
	3						8	
		8		4		1		5
							7	2
		9		1		8		
3	7							
9		4		6		3		
	1						5	
			1		8			7

Fiendish

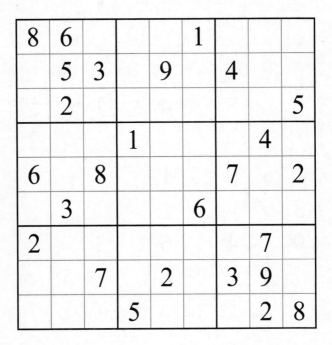

				7			5	
			3		4		6	9
			5					2
	3			9			4	7
		2				3		
4	5			6			2	
1					2			
5	7		6		1			
	9			8				

Fiendish

		3		1		6		
			5		2			
1		9				3		5
4			1	9	8			6
9			3	6	5			7
2		8				5		3
			8		9			
		6		7		9		

Su Doku

		2		9		6		
	5						8	
1			7		4			5
	8		3		9		6	
5								8
	7		8		5		9	
2			6		7			9
	9						1	
		5		3		8		

Fiendish

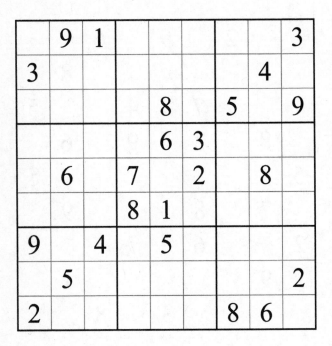

		5	2	8				
						2		6
		4		9	7			5
			4				8	
3				5				4
	1				3			
7			5	6		1		
5		8						
				2	8	5		

Fiendish

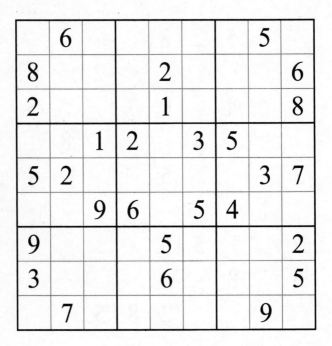

		4			6			9
3		6					8	
	1			8				2
			6					
8			2		4			3
					9			
9				2			1	
	2					5		7
4			3			8		

Fiendish

8				9				5
		9						
		5		6	7	1	9	
		8						
1		4		8		2		7
						3		
	9	1	2	7		4		
						7		
2				5				3

Su Doku

9			6					8
				5			7	
	8	7					2	
	7		4			2		
			3		6			
		5			8		3	
	6					1	9	
	4			6				
8					7			4

Fiendish

		7		3			1	
	1	8			9	5		
						7		
			2				5	
	5		1	9	8		4	
	3				4			
		6						
		9	8			4	6	
	7			6		8		

Su Doku

				6				5
	8				5			
	5				8	9	6	
7			3			2		
	2						9	
		8			7			3
	4	6	7				2	
			1				4	
9				8				

Fiendish

		4					8	1
	9			2				
		6			5			
		5	7	3			1	
3								2
	6			4	2	5		
			2			4		
				5			7	
4	3					6		

Su Doku

	1		7	4				
								4
		2	9					1
		3		2			9	
	8	5				7	2	
	9			6		8		
5					8	3		
1								
				9	5		6	

Fiendish

				8				
6		2		3		4		1
		1	9		4	6		
3								4
	1	9				5	6	
5								8
		6	8		5	3		
1		8		4		7		6
				9				

9		5		3		8		4
		8				2		
4								9
			3	7	8			
	9			4			7	
			6	5	9			
7								6
		3				4		
5		2		9		7		1

Fiendish

5			7				9	8
				5				
		6	4				3	
6			5				7	
2	7						8	3
	8				9			6
	5				3	8		
				2				
1	3				5			7

Su Doku

1	5							
		8	7					
9			5	8		4		
4			3		8		2	
	7		6		1			5
		3		5	2			9
					7	3		
							8	6

Fiendish

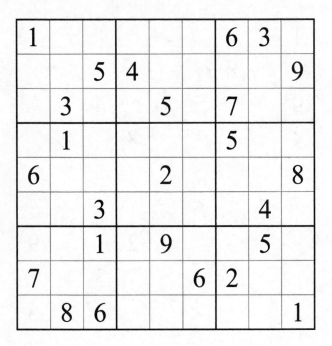

2					3	1		8
7		9		6	5	2		
9		3						
		7		2		9		
						8		1
		4	5	8		6		2
1		5	7					4

Fiendish

		7		3	8			
		8		1		3		2
			9					5
7		4	3					
				6				
					5	1		6
8					4			
1		3		7		4		
			1	5		2		

		5		8				
7			5				4	1
	4		3					
8	6					7		2
			2		6			
9		7					1	3
					5		3	
2	5				9			8
				1		9		

Fiendish

1		6			4			9
5					9			
			2			7		
	7	3	1					
		1				6		
					6	8	7	
		5			1			
			9					2
8			7			3		5

Su Doku

	6			5				
		9				6		4
	7		6				9	
			3		6	8		
3				7				9
		5	2		9			
	2				4		7	
7		8				2		
				3			8	

Fiendish

					9	3	7	
4			5	8		1		
						2		5
				6	5			
	2		7		8		9	
			1	2				
2		8						
		9		1	6			4
	4	3	8					

			8			7		
7	3				6			
					7	3	6	2
				1			2	
	7	1				6	5	
	2			8				
4	9	7	5					
			4				7	5
		6			3			

Fiendish

		6		1		8		
1				7				4
	4						6	
8			9		3			7
	6						3	
3			4		1			9
	7						2	
6				5				1
		5		4		7		

		9	1	8				
		6						5
4		8	6					
	6		9	1				
		1	4		8	2		
				3	2		6	
					6	5		3
9						8		
				2	5	4		

Fiendish

7			2	4	5			9
		5	6		9	3		
	8		3		1		5	
	9						1	
	2		4		8		7	
		2	1		4	7		
4			9	8	7			6

Su Doku

					6			4
		2					5	
3				4	9		8	
				2		5		6
	3						2	
7		8		6				
	9		6	3				2
	7					9		
6			8					

Fiendish

			2					8
					8	1	5	
		2		6		9		
		1		8				
7			6		3			4
				4		8		
		6		9		5		
	4	8	3					
2					1			

						2		
					2		6	1
			8			9	5	
9			5				3	
	4		9	2	3		8	
	8				1			7
	2	6			9			
7	3		6					
		4						

Fiendish

		9		4				
							1	
	3	1					2	9
8			9			7		1
			3	2	7			
5		7			8			6
3	4					8	9	
	8							
				8		6		

Su Doku

			2			8		
				7		1	4	
9				6	4	2		
2	3				9			
		4				6		
			5				2	8
		3	4	9				2
	1	9		3				
		7			5			

Fiendish

				8				
		5	3	1		4		
1	2				6			
6					4	5		7
	5						3	
2		1	5					6
			9				8	2
		8		2	7	6		
				4				

5		3			2			
8	1		6			4		
							9	
		9		1				2
	4		5		7		8	
1				9		3		
	5							
		1			8		6	7
			9			1		4

Fiendish

		3					5	1
	8			1		2		
		4	2					
	2			3			6	7
8	3			5			9	
					8	3		
		8		4			1	
7	9					6		

		5				2		7
	1		4	8	7			
	8			2				
	4		9					
		3				8		
					1		5	
				4			3	
			7	5	3		6	
1		7				4		

Fiendish

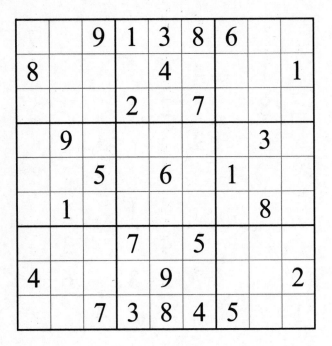

Su Doku

	2					4		
8			5				3	
	1			2	6			
			1	9			7	
2								8
	6			4	3			
			2	8			4	
	9				5			7
		8					1	

Fiendish

				4				
	4		9	5	8		6	
	8		6		3		1	
		8				6		
	2	7				8	9	
		9				3		
	9		5		6		2	
	5		1	2	4		3	
				3				

Su Doku

5	2				9			
			6			1		
	6				5		4	
8	3			7			2	
		7				4		
	5			9			6	8
	4		5				9	
		2			7			
			4				8	7

Fiendish

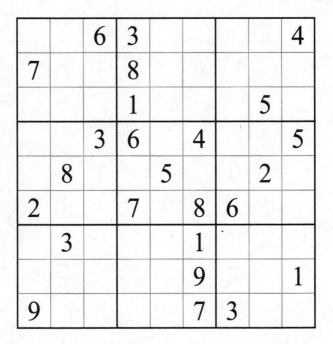

	8		1			7		
					5		4	
	2	3		4				
5						8	1	6
		2				9		
6	3	8						5
				9		1	6	
	7		6					
		6			2		9	

Fiendish

	4			5			9	2
6			4					7
			8					4
	6				1			3
		9				5		
3			6				1	
9					3			
5					2			1
8	1			6			7	

Su Doku

						6		
		2		1	3	7		
3	4				2			
		5					9	
2		4				1		7
	9					3		
			8				1	2
		6	5	4		8		
		1						

Fiendish

1				4				5
		8				1		
7			1		8			3
	1		3		6		9	
				1				
	6		4		7		2	
3			8		2			9
		4				8		
9				3				2

Su Doku

	1	4					7	
8						4	3	
	6		5			2		
			1	5				
	4			9			5	
			2	4				
		5			6		4	
	3	9						6
	7					3	8	

Fiendish

		8	6			4		
				7				1
4	3	5						
5						2		
	6	7				9	5	
		2						3
						3	6	4
8				3				
		4			5	7		

Su Doku

4				2				9
	6				7			
1				3	9		4	
	5			7				2
		9				6		
7				4			1	
	2		3	9				1
			2				9	
6				5				3

Fiendish

		4	9					6
					2	8		3
8				5				
	5		2			1	8	
7								2
	4	3			9		6	
			9					8
5		6	8					
3					6	7		

Su Doku

				9				8
9			2			4		5
		4					3	
					1		6	
	7	5				3	9	
	3		8					
	1					7		
2		7			5			4
6				1				

Fiendish

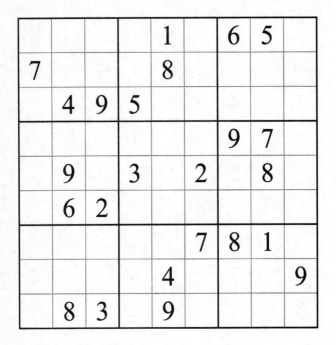

	3	5			1		8	2
				3				1
			5					
		9	1					7
			2	8	3			
6					5	4		
					9			
5				4				
4	2		6			7	9	

Fiendish

8						7		
				6	3		9	
	3				2			
7	8			5				6
		5				9		
4				2			8	1
			5				4	
	6		9	4				
		4						5

Su Doku

	2				5			
		1	7					3
		5		8		7	1	
9							6	
		4		5		2		
	8							9
	1	7		6		4		
6					7	9		
			3				8	

Fiendish

				8			7	
4	6				9			
	1	9	7				6	
		4					3	
			4		6			
	3					6		
	2				5	1	8	
			3				2	7
	9			7				

			4					
2		3						8
			7			9	2	
		7					4	3
	3	9		5		8	7	
5	8					1		
	6	4			8			
9						2		6
					6			

Fiendish

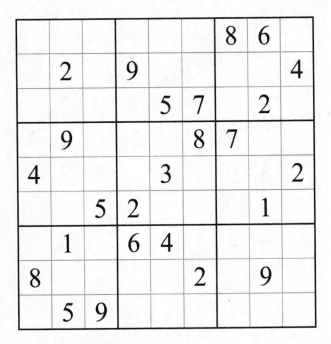

		9		2			5	
6	1		9			7		
					5		7	1
9			1		6			8
2	7		4					
		5			8		4	7
	4			6		1		

Fiendish

					3	4		
4	1			7			5	
			9			1	3	
			8					
6	3						1	4
					6			
	2	1			9			
	6			3			7	8
		9	5					

Su Doku

		9			7	4	3	
3			9	2				
	4				8			
8	1							
	7	3				1	6	
							2	7
			3				7	
				7	9			4
	6	5	8			9		

Fiendish

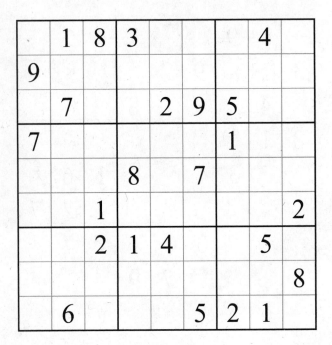

	8				4	9		
4			6					5
7	1			5				
		6					9	
5			1		2			6
	2					5		
				4			3	1
8					6			7
		4	7				2	

Fiendish

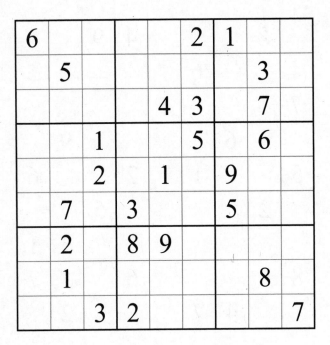

	7				9			8
	2				8	6		
		3				9	2	
	5			4				
	6	7				3	8	
				5			7	
	4	5				7		
		6	5				3	
7			2				9	

Fiendish

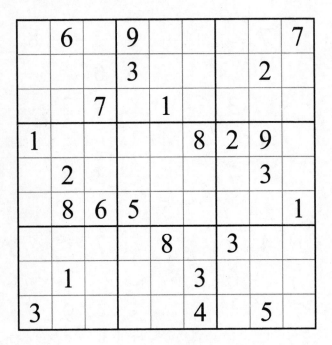

		3		7	8		6	
		4			9	7		
6								5
	6	1						4
			7		2			
3						9	5	
2								3
		7	4			8		
	9		2	3		5		

Fiendish

					2	5	9	
2				3	4			
6								
1	6		4		8			
	4						7	
			9		7		8	4
								3
			5	6				9
	1	2	8					

Su Doku

5		2						
			2		1			
		6			7			4
	3				8	2		
2		8		6		3		9
		4	9				7	
8			7			1		
			5		3			
						9		2

Fiendish

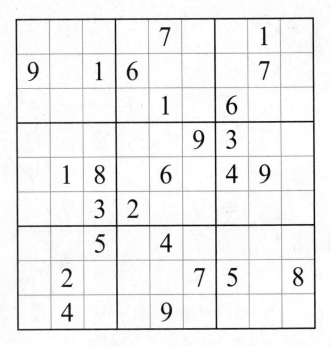

7				8	4			
		1					2	
		4				6		8
					5		4	
8	5			3			6	1
	7		1					
5		2				3		
	9					1		
			7	6				2

Fiendish

		8	1		7		2	
4	6			5				
					4			
3							1	9
			8		5			
5	4							3
			2					
				7			9	1
	7		5		8	2		

Su Doku

	2	7						
9					1			4
							3	9
	9		1			5	2	
			5		4			
	3	5			2		7	
1	6							
2			8					7
						6	5	

Fiendish

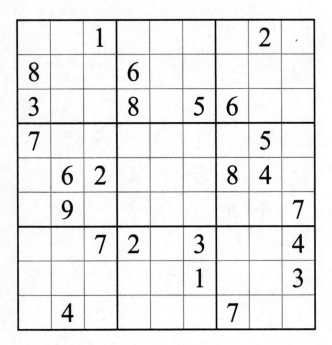

Su Doku

		1	8		6	7		
2			3		5			8
9	5						7	1
		3				6		
4	2						8	3
5			4		8			9
		8	9		2	1		

Fiendish

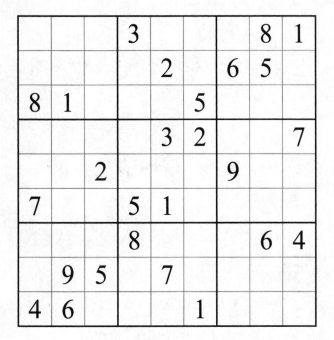

					6			
			3		5	1	4	
		8		1			7	
1			9					
5		2				6		9
					3			7
	8			6		9		
	4	3	5		1			
			7					

Fiendish

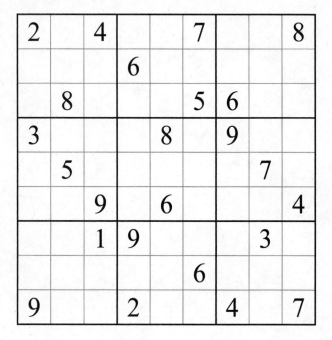

9			1		6		4	
			2		5			
	7	6				9	2	
		9		6		5		
	1						6	
		7		8		1		
	8	3				2	5	
			9		3			
	4		6		8		3	

Fiendish

	5		6	2		3		
		3					9	1
					7		5	
6		7			2		4	
	9		4			1		3
	7		8					
9	8					5		
		2		4	3		1	

		7	4			8		
					3			
4				1		2		9
					6	4		
	1		2		4		5	
		6	9					
7		8		3				5
			6					
		1			7	3		

Fiendish

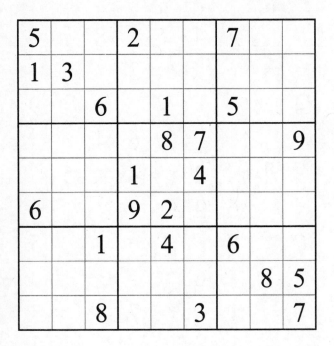

					8			
			6			2	4	
			4	9		5	3	
					9		6	2
1								9
7	5		1					
	4	2		7	1			
	8	1			4			
			3					

Fiendish

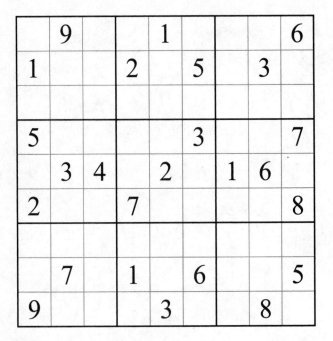

Su Doku

7								3
			5		1			
		4	3		7	6		
4		1				5		6
3	9						8	2
2		5				4		7
		7	6		2	9		
			1		4			
1								5

Fiendish

	1		7			2		
8			1		2			
3						4	1	
			6					1
		5		3		8		
6					8			
	5	7						2
			9		4			6
		8			5		4	

	7	5				2	9	
2	6			3			7	1
		4	1		3	9		
				8				
		1	7		6	8		
5	1			7			3	8
	9	2				7	6	

Fiendish

		2	4		5		1	
		1				4	7	
8		6						3
			7					
4				1				2
					6			
2						8		9
	8	5				7		
	7		8		3	6		

Su Doku

2			4					
		7		5		4		
9					2	1	7	
				4			9	
	8						4	
	3			1				
	9	6	3					7
		5		2		8		
					6			3

Fiendish

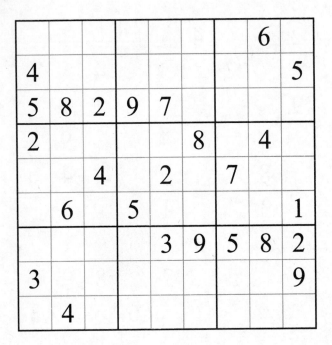

		7		9			5	
6			2			8		
	2							3
			8		5		2	
4				6				9
	1		9		3			
3							7	
		6			9			1
	5			1		4		

Fiendish

				2	7			
			9			8	2	
1	5					9		
		4		5				6
	8						3	
3				1		5		
		6					9	4
	9	7			8			
			7	9				

		8			3			9
	5		6					7
					5			3
	3	9						
7	6						2	8
						3	5	
4			2					
2					7		6	
8			1			7		

Fiendish

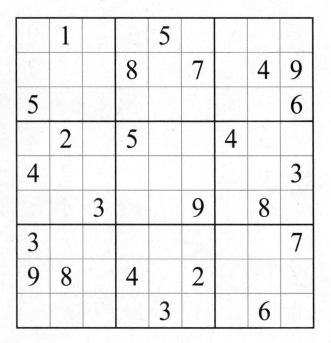

Su Doku

6			3		8			9
			1		4			
	4			9			1	
8	7						9	5
		2				7		
1	9						3	2
	5			2			6	
			9		7			
3			8		6			7

Fiendish

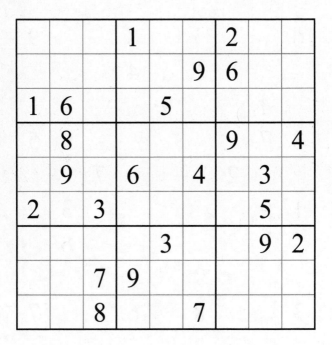

	1	5						
	8	4	1			9		
			9	2				5
					8			6
	7						9	
8			3					
4				7	1			
		8			6	4	5	
						7	6	

Fiendish

						6		
9		6					2	4
			2	1				5
7	3			9		5		
	9						6	
		5		4			3	1
1				7	4			
2	7					3		8
		3						

Su Doku

							8	
1		8		4				
		9			6	1	7	
		1	9		7			
	3			8			1	
			5		4	3		
	2	6	3			8		
				2		9		7
	8							

Fiendish

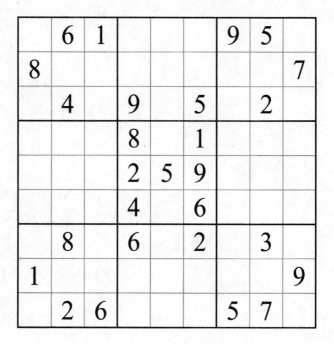

	9					6		
			2				1	3
	4	2			7			
	1		7				5	8
				2				
4	2				8		6	
			6			1	7	
8	7				3			
		5					8	

Fiendish

		3	8					
4				3	5	2		8
	8				2			6
					1			2
	4						7	
1			7					
3			2				9	
7		6	1	9				5
					7	8		

Su Doku

		6				9		
7				2				1
		5	9		4	7		
5								7
8	4	7				1	2	6
3								5
		3	5		1	6		
6				7				8
		8				2		

Fiendish

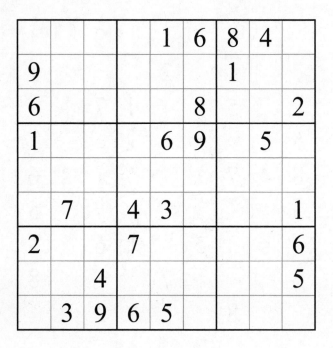

Su Doku

8			2			7		
		9			1			5
			7	6			3	
					8	1	4	
				2				
	3	8	4					
	2			9	7			
5			6			4		
		1			3			9

Fiendish

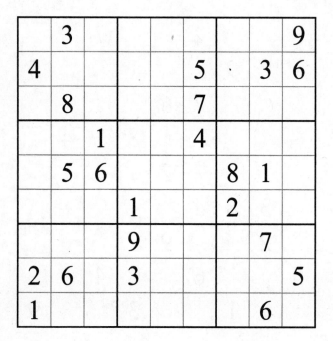

1							2	
6	7	8	5			9		
	5							
	3		1		8			
	4						6	
			9		7		8	
							9	
		4			3	6	7	2
	6							4

Fiendish

5								
		9	4					3
	1	2		5			8	
2		6		4				
3								5
				8		6		7
	3			6		4	9	
8					1	7		
								2

		2	6					4
		9			3		5	
	4					1	9	
	7	4						
			5		2			
						5	7	
	2	6					3	
	1		8			4		
3					1	7		

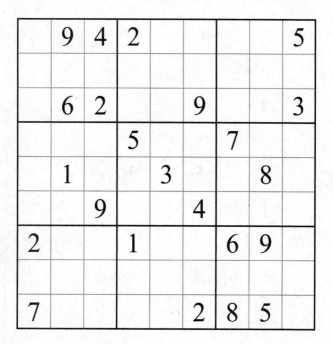

							7	
4	1	5						
				2	5		3	9
7						9		
9			7		6			8
		2						3
6	2		9	1				
						2	6	4
	4							

Fiendish

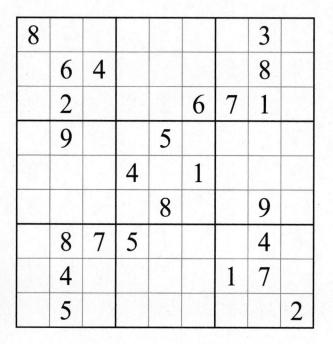

						6		
	6	1		3				7
			2	5		9		8
7	9				5			
			1				4	2
5		8		9	7			
4				1		2	7	
		6						

Fiendish

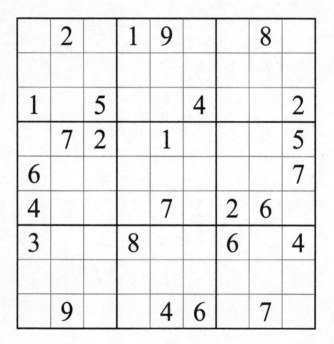

2							1	
8		3	2				7	
	1				9	5		
		5		7	3			
			4		6			
			1	9		4		
		9	6				3	
	4				7	1		6
	8							9

Fiendish

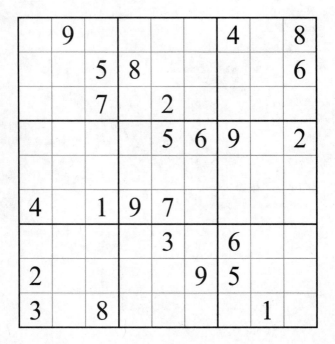

	5				1			
	7					8		1
		1	9		8		4	
	6			5				9
4				2			7	
	3		7		5	6		
7		8					9	
			4				1	

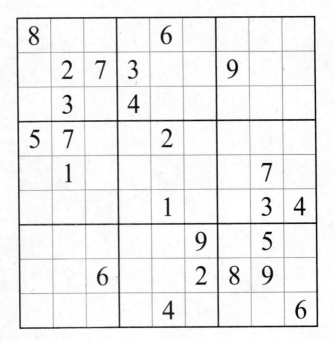

	4		7					
	1			3			6	
			1	2		8		
8			6				7	
5								3
	7				3			4
		3		1	7			
	6			4			2	
					6		5	

Fiendish

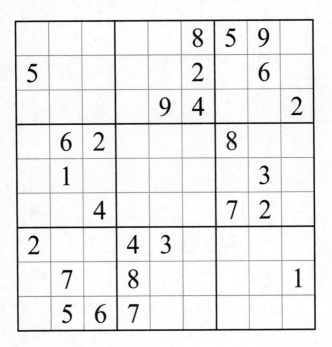

	3							1
9	7				6			
			3	4				5
		2	4	1				8
6				9	7	3		
4				5	8			
			2				8	3
8							9	

Fiendish

5							9	
3		4	5					
					1			3
	7	5	2					
8	2						7	4
					4	6	2	
7			8					
					2	1		9
	5							2

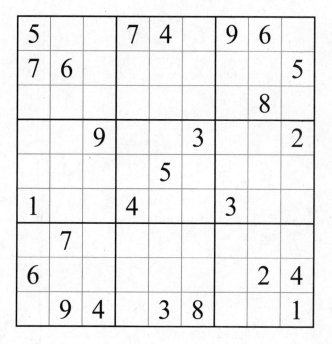

Fiendish

			6		9			
		8	2				5	6
	2						1	8
						8		
	5		1		7		4	
		7						
7	4						2	
2	9				3	1		
			9		6			

Su Doku

Solutions

1

1	5	2	9	3	8	7	6	4
9	7	8	6	4	1	2	3	5
6	3	4	2	7	5	1	8	9
2	6	5	8	9	4	3	1	7
7	4	1	5	2	3	6	9	8
8	9	3	1	6	7	4	5	2
5	2	7	3	1	9	8	4	6
3	8	6	4	5	2	9	7	1
4	1	9	7	8	6	5	2	3

2

8	5	1	3	2	9	4	6	7
9	3	7	4	1	6	5	8	2
2	4	6	5	7	8	3	1	9
4	1	2	7	8	5	6	9	3
3	8	5	9	6	1	7	2	4
6	7	9	2	4	3	1	5	8
5	9	8	6	3	7	2	4	1
1	2	3	8	5	4	9	7	6
7	6	4	1	9	2	8	3	5

Solutions

3

7	2	9	4	5	8	6	1	3
5	4	1	6	3	9	2	7	8
8	6	3	1	2	7	9	5	4
9	5	8	3	6	2	7	4	1
6	1	4	8	7	5	3	2	9
2	3	7	9	4	1	5	8	6
1	9	5	2	8	6	4	3	7
3	8	2	7	9	4	1	6	5
4	7	6	5	1	3	8	9	2

4

1	6	7	9	5	4	3	2	8
4	9	5	8	2	3	6	7	1
2	3	8	6	1	7	9	5	4
9	8	3	5	6	1	7	4	2
7	2	6	4	3	8	1	9	5
5	1	4	7	9	2	8	6	3
8	7	1	2	4	9	5	3	6
3	5	2	1	7	6	4	8	9
6	4	9	3	8	5	2	1	7

Solutions

5

2	8	6	9	5	7	4	3	1
3	9	1	8	2	4	5	6	7
4	7	5	1	6	3	2	9	8
1	6	8	5	3	9	7	4	2
9	2	3	7	4	8	1	5	6
5	4	7	6	1	2	3	8	9
8	5	4	2	7	6	9	1	3
6	1	2	3	9	5	8	7	4
7	3	9	4	8	1	6	2	5

6

8	7	2	5	3	4	6	9	1
6	5	3	7	1	9	8	2	4
4	9	1	2	6	8	7	3	5
3	2	9	6	7	1	5	4	8
5	6	4	9	8	3	1	7	2
7	1	8	4	5	2	3	6	9
2	8	5	3	9	7	4	1	6
1	4	7	8	2	6	9	5	3
9	3	6	1	4	5	2	8	7

Solutions

7

4	6	3	1	2	5	7	9	8
8	9	7	4	6	3	1	2	5
1	5	2	7	8	9	4	6	3
6	2	9	3	1	4	5	8	7
5	1	8	6	7	2	3	4	9
3	7	4	9	5	8	6	1	2
2	8	1	5	4	7	9	3	6
7	3	6	8	9	1	2	5	4
9	4	5	2	3	6	8	7	1

8

5	8	3	1	6	4	7	9	2
4	7	9	2	3	5	1	6	8
2	1	6	9	8	7	4	5	3
8	6	1	3	4	2	9	7	5
9	5	4	6	7	8	3	2	1
3	2	7	5	1	9	8	4	6
6	9	8	4	2	1	5	3	7
7	3	5	8	9	6	2	1	4
1	4	2	7	5	3	6	8	9

Solutions

9

8	6	5	4	7	2	3	9	1
7	1	9	8	3	6	4	2	5
2	4	3	1	9	5	8	7	6
4	3	6	5	2	9	1	8	7
1	2	7	3	8	4	5	6	9
5	9	8	6	1	7	2	4	3
9	5	1	2	6	8	7	3	4
6	8	4	7	5	3	9	1	2
3	7	2	9	4	1	6	5	8

10

6	8	5	1	7	2	9	4	3
7	2	3	4	5	9	1	6	8
4	9	1	6	3	8	2	7	5
9	1	6	8	2	7	5	3	4
5	3	8	9	4	1	7	2	6
2	4	7	3	6	5	8	9	1
3	7	9	5	1	6	4	8	2
8	5	4	2	9	3	6	1	7
1	6	2	7	8	4	3	5	9

11

9	3	7	8	6	4	5	1	2
5	2	4	3	7	1	6	8	9
6	8	1	9	5	2	4	7	3
1	9	8	6	4	5	2	3	7
7	4	6	2	3	8	9	5	1
3	5	2	7	1	9	8	6	4
4	7	9	5	8	3	1	2	6
2	6	5	1	9	7	3	4	8
8	1	3	4	2	6	7	9	5

12

4	9	3	8	5	1	6	7	2
2	8	7	3	4	6	5	9	1
5	1	6	7	9	2	8	3	4
8	6	5	2	3	7	4	1	9
1	3	2	9	6	4	7	5	8
7	4	9	1	8	5	2	6	3
3	5	1	4	7	8	9	2	6
6	2	4	5	1	9	3	8	7
9	7	8	6	2	3	1	4	5

Solutions

13

2	4	5	3	6	8	7	1	9
9	7	3	1	5	2	8	6	4
1	6	8	4	9	7	5	3	2
7	9	1	8	2	6	3	4	5
4	5	6	9	7	3	2	8	1
8	3	2	5	4	1	9	7	6
6	8	9	7	1	5	4	2	3
5	1	7	2	3	4	6	9	8
3	2	4	6	8	9	1	5	7

14

6	3	8	9	7	2	1	4	5
9	2	5	4	6	1	3	8	7
1	4	7	3	8	5	9	6	2
7	5	2	6	3	9	8	1	4
4	9	3	7	1	8	2	5	6
8	1	6	5	2	4	7	9	3
5	6	1	2	9	3	4	7	8
2	8	4	1	5	7	6	3	9
3	7	9	8	4	6	5	2	1

15

4	6	1	5	7	9	8	2	3
9	3	2	6	4	8	5	7	1
7	5	8	2	3	1	9	6	4
2	4	5	1	6	3	7	8	9
8	7	9	4	5	2	1	3	6
6	1	3	9	8	7	2	4	5
5	9	4	7	2	6	3	1	8
1	8	7	3	9	4	6	5	2
3	2	6	8	1	5	4	9	7

16

6	9	8	2	4	7	1	3	5
4	7	3	1	6	5	8	2	9
1	5	2	9	3	8	7	4	6
3	8	7	5	9	1	4	6	2
5	4	6	8	2	3	9	7	1
9	2	1	4	7	6	5	8	3
8	6	9	7	5	2	3	1	4
7	3	4	6	1	9	2	5	8
2	1	5	3	8	4	6	9	7

Solutions

8	6	5	7	1	2	9	3	4
4	9	3	8	5	6	2	1	7
2	7	1	9	4	3	6	5	8
1	5	9	3	2	4	7	8	6
6	3	2	1	7	8	5	4	9
7	8	4	5	6	9	3	2	1
3	1	7	4	9	5	8	6	2
5	4	6	2	8	7	1	9	3
9	2	8	6	3	1	4	7	5

8	5	6	1	4	7	3	2	9
9	2	4	3	6	8	7	1	5
3	7	1	9	2	5	8	4	6
4	8	5	7	9	6	2	3	1
2	9	7	4	3	1	5	6	8
6	1	3	8	5	2	4	9	7
7	6	2	5	1	4	9	8	3
5	4	9	6	8	3	1	7	2
1	3	8	2	7	9	6	5	4

Solutions

19

3	4	5	8	7	2	1	6	9
2	7	6	4	9	1	3	8	5
9	8	1	5	3	6	2	4	7
5	6	8	9	4	3	7	2	1
4	3	7	1	2	5	8	9	6
1	9	2	6	8	7	4	5	3
7	1	4	2	6	9	5	3	8
6	2	3	7	5	8	9	1	4
8	5	9	3	1	4	6	7	2

20

1	4	2	5	6	3	8	7	9
6	3	7	9	1	8	4	5	2
5	9	8	4	2	7	6	1	3
7	1	9	6	3	2	5	8	4
4	6	3	8	9	5	1	2	7
2	8	5	1	7	4	3	9	6
8	2	1	3	4	9	7	6	5
3	7	6	2	5	1	9	4	8
9	5	4	7	8	6	2	3	1

Solutions

21

3	8	6	7	4	2	5	1	9
7	1	4	9	5	8	2	6	3
5	9	2	3	6	1	4	7	8
1	3	8	6	7	5	9	2	4
6	4	9	2	8	3	1	5	7
2	7	5	1	9	4	8	3	6
9	6	1	8	2	7	3	4	5
8	5	3	4	1	6	7	9	2
4	2	7	5	3	9	6	8	1

22

5	7	3	8	4	1	2	6	9
6	8	2	5	7	9	3	1	4
9	4	1	2	3	6	7	5	8
8	3	9	1	2	7	5	4	6
2	1	7	4	6	5	9	8	3
4	5	6	3	9	8	1	2	7
1	9	4	7	8	2	6	3	5
3	6	5	9	1	4	8	7	2
7	2	8	6	5	3	4	9	1

23

1	5	8	9	2	3	7	6	4
2	3	7	8	6	4	9	5	1
9	6	4	7	1	5	3	2	8
8	7	3	2	4	9	5	1	6
6	9	1	5	8	7	2	4	3
5	4	2	6	3	1	8	7	9
4	1	5	3	9	2	6	8	7
3	2	6	4	7	8	1	9	5
7	8	9	1	5	6	4	3	2

24

6	2	4	8	3	7	5	9	1
1	5	9	6	2	4	8	3	7
7	3	8	9	5	1	4	2	6
5	6	3	2	1	9	7	4	8
9	4	1	3	7	8	2	6	5
8	7	2	5	4	6	9	1	3
3	8	5	4	6	2	1	7	9
2	1	6	7	9	5	3	8	4
4	9	7	1	8	3	6	5	2

Solutions

25

6	4	1	5	8	9	7	2	3
2	3	5	6	7	1	9	8	4
7	9	8	3	4	2	1	6	5
1	8	6	9	3	4	5	7	2
4	5	9	2	1	7	8	3	6
3	7	2	8	5	6	4	9	1
9	2	4	7	6	5	3	1	8
8	1	7	4	2	3	6	5	9
5	6	3	1	9	8	2	4	7

26

8	6	9	4	5	1	2	3	7
7	5	3	2	9	8	4	6	1
4	2	1	6	7	3	9	8	5
9	7	5	1	8	2	6	4	3
6	4	8	9	3	5	7	1	2
1	3	2	7	4	6	8	5	9
2	8	6	3	1	9	5	7	4
5	1	7	8	2	4	3	9	6
3	9	4	5	6	7	1	2	8

Solutions

27

6	2	4	8	7	9	1	5	3
7	1	5	3	2	4	8	6	9
3	8	9	5	1	6	4	7	2
8	3	1	2	9	5	6	4	7
9	6	2	7	4	8	3	1	5
4	5	7	1	6	3	9	2	8
1	4	3	9	5	2	7	8	6
5	7	8	6	3	1	2	9	4
2	9	6	4	8	7	5	3	1

28

7	5	3	9	1	4	6	2	8
8	6	4	5	3	2	7	9	1
1	2	9	7	8	6	3	4	5
4	7	5	1	9	8	2	3	6
6	3	1	4	2	7	8	5	9
9	8	2	3	6	5	4	1	7
2	9	8	6	4	1	5	7	3
3	4	7	8	5	9	1	6	2
5	1	6	2	7	3	9	8	4

Solutions

29

8	4	2	5	9	3	6	7	1
9	5	7	1	6	2	4	8	3
1	3	6	7	8	4	9	2	5
4	8	1	3	2	9	5	6	7
5	2	9	4	7	6	1	3	8
6	7	3	8	1	5	2	9	4
2	1	8	6	4	7	3	5	9
3	9	4	2	5	8	7	1	6
7	6	5	9	3	1	8	4	2

30

8	9	1	5	2	4	6	7	3
3	7	5	6	9	1	2	4	8
6	4	2	3	8	7	5	1	9
1	2	8	9	6	3	7	5	4
5	6	9	7	4	2	3	8	1
4	3	7	8	1	5	9	2	6
9	8	4	2	5	6	1	3	7
7	5	6	1	3	8	4	9	2
2	1	3	4	7	9	8	6	5

31

9	3	5	2	8	6	7	4	1
8	7	1	3	4	5	2	9	6
2	6	4	1	9	7	8	3	5
6	5	2	4	1	9	3	8	7
3	8	7	6	5	2	9	1	4
4	1	9	8	7	3	6	5	2
7	9	3	5	6	4	1	2	8
5	2	8	7	3	1	4	6	9
1	4	6	9	2	8	5	7	3

32

1	6	7	9	3	8	2	5	4
8	5	3	7	2	4	9	1	6
2	9	4	5	1	6	3	7	8
4	8	1	2	7	3	5	6	9
5	2	6	4	9	1	8	3	7
7	3	9	6	8	5	4	2	1
9	1	8	3	5	7	6	4	2
3	4	2	1	6	9	7	8	5
6	7	5	8	4	2	1	9	3

Solutions

33

2	8	4	1	5	6	7	3	9
3	7	6	9	4	2	1	8	5
5	1	9	7	8	3	4	6	2
7	3	2	6	1	5	9	4	8
8	9	1	2	7	4	6	5	3
6	4	5	8	3	9	2	7	1
9	6	8	5	2	7	3	1	4
1	2	3	4	6	8	5	9	7
4	5	7	3	9	1	8	2	6

34

8	1	2	3	9	4	6	7	5
7	6	9	1	2	5	8	3	4
3	4	5	8	6	7	1	9	2
9	7	8	6	3	2	5	4	1
1	3	4	5	8	9	2	6	7
5	2	6	7	4	1	3	8	9
6	9	1	2	7	3	4	5	8
4	5	3	9	1	8	7	2	6
2	8	7	4	5	6	9	1	3

35

9	5	2	6	7	1	3	4	8
4	3	6	8	5	2	9	7	1
1	8	7	9	4	3	6	2	5
3	7	8	4	9	5	2	1	6
2	9	4	3	1	6	8	5	7
6	1	5	7	2	8	4	3	9
7	6	3	5	8	4	1	9	2
5	4	1	2	6	9	7	8	3
8	2	9	1	3	7	5	6	4

36

2	4	7	5	3	6	9	1	8
6	1	8	7	2	9	5	3	4
5	9	3	4	8	1	7	2	6
8	6	4	2	7	3	1	5	9
7	5	2	1	9	8	6	4	3
9	3	1	6	5	4	2	8	7
1	8	6	9	4	5	3	7	2
3	2	9	8	1	7	4	6	5
4	7	5	3	6	2	8	9	1

Solutions

37

2	7	4	9	6	1	3	8	5
6	8	9	2	3	5	4	7	1
1	5	3	4	7	8	9	6	2
7	6	1	3	4	9	2	5	8
3	2	5	8	1	6	7	9	4
4	9	8	5	2	7	6	1	3
8	4	6	7	5	3	1	2	9
5	3	7	1	9	2	8	4	6
9	1	2	6	8	4	5	3	7

38

2	5	4	6	9	7	3	8	1
8	9	3	1	2	4	7	5	6
7	1	6	3	8	5	2	4	9
9	2	5	7	3	6	8	1	4
3	4	7	5	1	8	9	6	2
1	6	8	9	4	2	5	3	7
5	7	1	2	6	3	4	9	8
6	8	2	4	5	9	1	7	3
4	3	9	8	7	1	6	2	5

Solutions

39

3	1	6	7	4	2	9	5	8
9	5	7	6	8	1	2	3	4
8	4	2	9	5	3	6	7	1
6	7	3	8	2	4	1	9	5
4	8	5	3	1	9	7	2	6
2	9	1	5	6	7	8	4	3
5	6	4	2	7	8	3	1	9
1	2	9	4	3	6	5	8	7
7	3	8	1	9	5	4	6	2

40

9	4	5	6	8	1	2	3	7
6	8	2	5	3	7	4	9	1
7	3	1	9	2	4	6	8	5
3	6	7	1	5	8	9	2	4
8	1	9	4	7	2	5	6	3
5	2	4	3	6	9	1	7	8
2	7	6	8	1	5	3	4	9
1	9	8	2	4	3	7	5	6
4	5	3	7	9	6	8	1	2

Solutions

41

9	2	5	7	3	6	8	1	4
6	3	8	9	1	4	2	5	7
4	7	1	8	2	5	6	3	9
1	5	4	3	7	8	9	6	2
3	9	6	1	4	2	5	7	8
2	8	7	6	5	9	1	4	3
7	4	9	5	8	1	3	2	6
8	1	3	2	6	7	4	9	5
5	6	2	4	9	3	7	8	1

42

5	4	1	7	3	6	2	9	8
3	9	7	2	5	8	6	4	1
8	2	6	4	9	1	7	3	5
6	1	3	5	8	2	4	7	9
2	7	9	6	1	4	5	8	3
4	8	5	3	7	9	1	2	6
7	5	4	9	6	3	8	1	2
9	6	8	1	2	7	3	5	4
1	3	2	8	4	5	9	6	7

43

1	5	7	4	2	3	9	6	8
6	4	8	7	1	9	2	5	3
9	3	2	5	8	6	4	7	1
4	1	5	3	9	8	6	2	7
3	8	6	2	7	5	1	9	4
2	7	9	6	4	1	8	3	5
8	6	3	1	5	2	7	4	9
5	9	4	8	6	7	3	1	2
7	2	1	9	3	4	5	8	6

44

1	7	4	2	8	9	6	3	5
2	6	5	4	7	3	8	1	9
9	3	8	6	5	1	7	2	4
4	1	2	9	3	8	5	6	7
6	5	7	1	2	4	3	9	8
8	9	3	7	6	5	1	4	2
3	2	1	8	9	7	4	5	6
7	4	9	5	1	6	2	8	3
5	8	6	3	4	2	9	7	1

Solutions

45

2	4	6	9	7	3	1	5	8
5	3	1	2	4	8	7	6	9
7	8	9	1	6	5	2	4	3
9	5	3	8	1	7	4	2	6
8	1	7	6	2	4	9	3	5
4	6	2	3	5	9	8	7	1
3	7	4	5	8	1	6	9	2
6	9	8	4	3	2	5	1	7
1	2	5	7	9	6	3	8	4

46

2	5	7	6	3	8	9	1	4
4	9	8	5	1	7	3	6	2
3	1	6	9	4	2	8	7	5
7	6	4	3	2	1	5	9	8
5	8	1	4	6	9	7	2	3
9	3	2	7	8	5	1	4	6
8	7	5	2	9	4	6	3	1
1	2	3	8	7	6	4	5	9
6	4	9	1	5	3	2	8	7

47

3	9	5	1	8	4	2	7	6
7	8	6	5	9	2	3	4	1
1	4	2	3	6	7	5	8	9
8	6	4	9	3	1	7	5	2
5	3	1	2	7	6	8	9	4
9	2	7	4	5	8	6	1	3
6	1	9	8	2	5	4	3	7
2	5	3	7	4	9	1	6	8
4	7	8	6	1	3	9	2	5

48

1	2	6	8	7	4	5	3	9
5	4	7	3	6	9	2	1	8
3	9	8	2	1	5	7	4	6
6	7	3	1	2	8	9	5	4
4	8	1	5	9	7	6	2	3
9	5	2	4	3	6	8	7	1
2	3	5	6	8	1	4	9	7
7	6	4	9	5	3	1	8	2
8	1	9	7	4	2	3	6	5

Solutions

49

2	6	4	9	5	3	7	1	8
8	3	9	1	2	7	6	5	4
5	7	1	6	4	8	3	9	2
9	4	7	3	1	6	8	2	5
3	8	2	4	7	5	1	6	9
6	1	5	2	8	9	4	3	7
1	2	3	8	9	4	5	7	6
7	9	8	5	6	1	2	4	3
4	5	6	7	3	2	9	8	1

50

5	1	2	6	4	9	3	7	8
4	3	7	5	8	2	1	6	9
9	8	6	3	7	1	2	4	5
8	7	1	9	6	5	4	2	3
6	2	4	7	3	8	5	9	1
3	9	5	1	2	4	7	8	6
2	6	8	4	5	3	9	1	7
7	5	9	2	1	6	8	3	4
1	4	3	8	9	7	6	5	2

Solutions

51

5	6	2	8	3	1	7	4	9
7	3	9	2	4	6	5	8	1
1	8	4	9	5	7	3	6	2
9	4	3	6	1	5	8	2	7
8	7	1	3	9	2	6	5	4
6	2	5	7	8	4	9	1	3
4	9	7	5	2	8	1	3	6
3	1	8	4	6	9	2	7	5
2	5	6	1	7	3	4	9	8

52

5	9	6	3	1	4	8	7	2
1	8	2	5	7	6	3	9	4
7	4	3	8	9	2	1	6	5
8	5	4	9	6	3	2	1	7
9	6	1	7	2	5	4	3	8
3	2	7	4	8	1	6	5	9
4	7	9	1	3	8	5	2	6
6	3	8	2	5	7	9	4	1
2	1	5	6	4	9	7	8	3

Solutions

53

7	5	9	1	8	3	6	4	2
3	1	6	2	7	4	9	8	5
4	2	8	6	5	9	7	3	1
2	6	4	9	1	7	3	5	8
5	3	1	4	6	8	2	9	7
8	9	7	5	3	2	1	6	4
1	4	2	8	9	6	5	7	3
9	7	5	3	4	1	8	2	6
6	8	3	7	2	5	4	1	9

54

7	3	8	2	4	5	1	6	9
1	6	9	8	7	3	2	4	5
2	4	5	6	1	9	3	8	7
6	8	7	3	2	1	9	5	4
3	9	4	7	5	6	8	1	2
5	2	1	4	9	8	6	7	3
9	5	2	1	6	4	7	3	8
8	7	6	5	3	2	4	9	1
4	1	3	9	8	7	5	2	6

55

9	5	7	2	8	6	3	1	4
4	8	2	7	1	3	6	5	9
3	6	1	5	4	9	2	8	7
1	4	9	3	2	8	5	7	6
5	3	6	9	7	4	8	2	1
7	2	8	1	6	5	4	9	3
8	9	5	6	3	7	1	4	2
2	7	3	4	5	1	9	6	8
6	1	4	8	9	2	7	3	5

56

3	5	7	2	1	9	6	4	8
9	6	4	7	3	8	1	5	2
8	1	2	4	6	5	9	3	7
4	2	1	9	8	7	3	6	5
7	8	9	6	5	3	2	1	4
6	3	5	1	4	2	8	7	9
1	7	6	8	9	4	5	2	3
5	4	8	3	2	6	7	9	1
2	9	3	5	7	1	4	8	6

Solutions

57

3	7	5	1	9	6	2	4	8
4	9	8	3	5	2	7	6	1
6	1	2	8	7	4	9	5	3
9	6	1	5	8	7	4	3	2
5	4	7	9	2	3	1	8	6
2	8	3	4	6	1	5	9	7
8	2	6	7	4	9	3	1	5
7	3	9	6	1	5	8	2	4
1	5	4	2	3	8	6	7	9

58

2	7	9	1	4	3	5	6	8
4	5	8	6	9	2	3	1	7
6	3	1	8	7	5	4	2	9
8	2	3	9	5	6	7	4	1
1	6	4	3	2	7	9	8	5
5	9	7	4	1	8	2	3	6
3	4	5	7	6	1	8	9	2
7	8	6	2	3	9	1	5	4
9	1	2	5	8	4	6	7	3

Solutions

7	4	1	2	5	3	8	9	6
3	6	2	9	7	8	1	4	5
9	5	8	1	6	4	2	3	7
2	3	5	6	8	9	4	7	1
8	7	4	3	2	1	6	5	9
1	9	6	5	4	7	3	2	8
5	8	3	4	9	6	7	1	2
6	1	9	7	3	2	5	8	4
4	2	7	8	1	5	9	6	3

3	6	4	7	8	9	1	2	5
8	7	5	3	1	2	4	6	9
1	2	9	4	5	6	3	7	8
6	8	3	2	9	4	5	1	7
9	5	7	8	6	1	2	3	4
2	4	1	5	7	3	8	9	6
4	1	6	9	3	5	7	8	2
5	9	8	1	2	7	6	4	3
7	3	2	6	4	8	9	5	1

Solutions

61

5	9	3	7	4	2	6	1	8
8	1	7	6	3	9	4	2	5
4	6	2	1	8	5	7	9	3
7	8	9	3	1	6	5	4	2
3	4	6	5	2	7	9	8	1
1	2	5	8	9	4	3	7	6
6	5	4	2	7	1	8	3	9
9	3	1	4	5	8	2	6	7
2	7	8	9	6	3	1	5	4

62

2	6	3	8	7	9	4	5	1
9	8	7	5	1	4	2	3	6
5	1	4	2	6	3	7	8	9
4	2	5	9	3	1	8	6	7
1	7	9	4	8	6	5	2	3
8	3	6	7	5	2	1	9	4
6	4	2	1	9	8	3	7	5
3	5	8	6	4	7	9	1	2
7	9	1	3	2	5	6	4	8

63

4	6	5	3	1	9	2	8	7
3	1	2	4	8	7	5	9	6
7	8	9	6	2	5	1	4	3
5	4	1	9	3	8	6	7	2
2	7	3	5	6	4	8	1	9
6	9	8	2	7	1	3	5	4
9	5	6	1	4	2	7	3	8
8	2	4	7	5	3	9	6	1
1	3	7	8	9	6	4	2	5

64

5	4	9	1	3	8	6	2	7
8	7	2	9	4	6	3	5	1
1	3	6	2	5	7	9	4	8
6	9	8	4	1	2	7	3	5
7	2	5	8	6	3	1	9	4
3	1	4	5	7	9	2	8	6
9	8	1	7	2	5	4	6	3
4	5	3	6	9	1	8	7	2
2	6	7	3	8	4	5	1	9

Solutions

65

6	2	3	9	7	8	4	5	1
8	7	9	5	1	4	2	3	6
5	1	4	3	2	6	7	8	9
3	8	5	1	9	2	6	7	4
2	4	1	6	5	7	3	9	8
9	6	7	8	4	3	1	2	5
7	5	6	2	8	1	9	4	3
1	9	2	4	3	5	8	6	7
4	3	8	7	6	9	5	1	2

66

6	7	3	2	4	1	5	8	9
2	4	1	9	5	8	7	6	3
9	8	5	6	7	3	2	1	4
1	3	8	4	9	2	6	7	5
4	2	7	3	6	5	8	9	1
5	6	9	8	1	7	3	4	2
3	9	4	5	8	6	1	2	7
7	5	6	1	2	4	9	3	8
8	1	2	7	3	9	4	5	6

67

5	2	1	3	4	9	8	7	6
4	7	9	6	2	8	1	5	3
3	6	8	7	1	5	2	4	9
8	3	6	1	7	4	9	2	5
2	9	7	8	5	6	4	3	1
1	5	4	2	9	3	7	6	8
7	4	3	5	8	1	6	9	2
6	8	2	9	3	7	5	1	4
9	1	5	4	6	2	3	8	7

68

5	9	6	3	7	2	8	1	4
7	4	1	8	9	5	2	3	6
3	2	8	1	4	6	7	5	9
1	7	3	6	2	4	9	8	5
6	8	4	9	5	3	1	2	7
2	5	9	7	1	8	6	4	3
4	3	7	2	6	1	5	9	8
8	6	2	5	3	9	4	7	1
9	1	5	4	8	7	3	6	2

Solutions

69

4	8	5	1	2	6	7	3	9
9	6	1	3	7	5	2	4	8
7	2	3	8	4	9	6	5	1
5	9	7	2	3	4	8	1	6
1	4	2	5	6	8	9	7	3
6	3	8	9	1	7	4	2	5
8	5	4	7	9	3	1	6	2
2	7	9	6	5	1	3	8	4
3	1	6	4	8	2	5	9	7

70

7	4	3	1	5	6	8	9	2
6	5	8	4	2	9	1	3	7
2	9	1	8	3	7	6	5	4
4	6	5	2	9	1	7	8	3
1	2	9	3	7	8	5	4	6
3	8	7	6	4	5	2	1	9
9	7	6	5	1	3	4	2	8
5	3	4	7	8	2	9	6	1
8	1	2	9	6	4	3	7	5

Solutions

71

1	7	9	4	5	8	6	2	3
5	6	2	9	1	3	7	4	8
3	4	8	7	6	2	9	5	1
6	1	5	3	8	7	2	9	4
2	3	4	6	9	5	1	8	7
8	9	7	1	2	4	3	6	5
9	5	3	8	7	6	4	1	2
7	2	6	5	4	1	8	3	9
4	8	1	2	3	9	5	7	6

72

1	9	6	7	4	3	2	8	5
2	3	8	9	6	5	1	7	4
7	4	5	1	2	8	9	6	3
4	1	2	3	5	6	7	9	8
8	7	3	2	1	9	4	5	6
5	6	9	4	8	7	3	2	1
3	5	1	8	7	2	6	4	9
6	2	4	5	9	1	8	3	7
9	8	7	6	3	4	5	1	2

Solutions

73

9	1	4	3	8	2	6	7	5
8	5	2	7	6	9	4	3	1
7	6	3	5	4	1	2	9	8
3	2	8	1	5	7	9	6	4
6	4	1	8	9	3	7	5	2
5	9	7	6	2	4	8	1	3
2	8	5	9	3	6	1	4	7
1	3	9	4	7	8	5	2	6
4	7	6	2	1	5	3	8	9

74

7	1	8	6	5	3	4	2	9
6	2	9	4	7	8	5	3	1
4	3	5	9	2	1	8	7	6
5	4	3	8	9	6	2	1	7
1	6	7	3	4	2	9	5	8
9	8	2	5	1	7	6	4	3
2	5	1	7	8	9	3	6	4
8	7	6	2	3	4	1	9	5
3	9	4	1	6	5	7	8	2

Solutions

4	8	3	6	2	5	1	7	9
9	6	2	4	1	7	3	8	5
1	7	5	8	3	9	2	4	6
8	5	1	9	7	6	4	3	2
2	4	9	1	8	3	6	5	7
7	3	6	5	4	2	9	1	8
5	2	8	3	9	4	7	6	1
3	1	7	2	6	8	5	9	4
6	9	4	7	5	1	8	2	3

1	7	4	9	3	8	2	5	6
9	6	5	7	4	2	8	1	3
8	3	2	6	5	1	4	7	9
6	5	9	2	7	3	1	8	4
7	8	1	5	6	4	9	3	2
2	4	3	1	8	9	5	6	7
4	1	7	3	9	5	6	2	8
5	9	6	8	2	7	3	4	1
3	2	8	4	1	6	7	9	5

Solutions

3	5	2	4	9	7	6	1	8
9	6	1	2	8	3	4	7	5
7	8	4	1	5	6	2	3	9
4	2	9	5	3	1	8	6	7
8	7	5	6	2	4	3	9	1
1	3	6	8	7	9	5	4	2
5	1	3	9	4	8	7	2	6
2	9	7	3	6	5	1	8	4
6	4	8	7	1	2	9	5	3

2	3	8	7	1	9	6	5	4
7	5	6	4	8	3	2	9	1
1	4	9	5	2	6	7	3	8
3	1	5	8	6	4	9	7	2
4	9	7	3	5	2	1	8	6
8	6	2	9	7	1	5	4	3
9	2	4	6	3	7	8	1	5
5	7	1	2	4	8	3	6	9
6	8	3	1	9	5	4	2	7

Solutions

79

7	3	5	4	9	1	6	8	2
2	6	4	8	3	7	9	5	1
9	1	8	5	2	6	3	7	4
3	5	9	1	6	4	8	2	7
1	4	7	2	8	3	5	6	9
6	8	2	9	7	5	4	1	3
8	7	1	3	5	9	2	4	6
5	9	6	7	4	2	1	3	8
4	2	3	6	1	8	7	9	5

80

8	4	6	1	9	5	7	3	2
2	5	7	4	6	3	1	9	8
1	3	9	7	8	2	6	5	4
7	8	1	3	5	9	4	2	6
6	2	5	8	1	4	9	7	3
4	9	3	6	2	7	5	8	1
3	1	8	5	7	6	2	4	9
5	6	2	9	4	8	3	1	7
9	7	4	2	3	1	8	6	5

Solutions

81

7	2	3	6	1	5	8	9	4
8	6	1	7	9	4	5	2	3
4	9	5	2	8	3	7	1	6
9	7	2	4	3	8	1	6	5
1	3	4	9	5	6	2	7	8
5	8	6	1	7	2	3	4	9
3	1	7	8	6	9	4	5	2
6	4	8	5	2	7	9	3	1
2	5	9	3	4	1	6	8	7

82

3	5	2	6	8	1	4	7	9
4	6	7	5	2	9	8	1	3
8	1	9	7	4	3	2	6	5
6	7	4	1	9	2	5	3	8
2	8	5	4	3	6	7	9	1
9	3	1	8	5	7	6	4	2
7	2	3	9	6	5	1	8	4
5	4	6	3	1	8	9	2	7
1	9	8	2	7	4	3	5	6

83

7	9	1	4	8	2	6	3	5
2	4	3	9	6	5	7	1	8
8	5	6	7	1	3	9	2	4
6	1	7	8	2	9	5	4	3
4	3	9	6	5	1	8	7	2
5	8	2	3	4	7	1	6	9
1	6	4	2	9	8	3	5	7
9	7	5	1	3	4	2	8	6
3	2	8	5	7	6	4	9	1

84

9	7	3	1	2	4	8	6	5
5	2	8	9	6	3	1	7	4
1	4	6	8	5	7	3	2	9
3	9	2	4	1	8	7	5	6
4	6	1	7	3	5	9	8	2
7	8	5	2	9	6	4	1	3
2	1	7	6	4	9	5	3	8
8	3	4	5	7	2	6	9	1
6	5	9	3	8	1	2	4	7

Solutions

85

5	2	8	6	4	7	3	1	9
7	3	9	8	2	1	6	5	4
6	1	4	9	5	3	7	8	2
4	8	6	2	3	5	9	7	1
9	5	3	1	7	6	4	2	8
2	7	1	4	8	9	5	3	6
1	6	5	3	9	8	2	4	7
8	4	7	5	6	2	1	9	3
3	9	2	7	1	4	8	6	5

86

2	9	5	6	1	3	4	8	7
4	1	3	2	7	8	6	5	9
8	7	6	9	5	4	1	3	2
9	5	7	8	4	1	3	2	6
6	3	2	7	9	5	8	1	4
1	4	8	3	2	6	7	9	5
7	2	1	4	8	9	5	6	3
5	6	4	1	3	2	9	7	8
3	8	9	5	6	7	2	4	1

Solutions

2	8	9	5	6	7	4	3	1
3	5	1	9	2	4	7	8	6
6	4	7	1	3	8	5	9	2
8	1	2	7	9	6	3	4	5
4	7	3	2	8	5	1	6	9
5	9	6	4	1	3	8	2	7
9	2	4	3	5	1	6	7	8
1	3	8	6	7	9	2	5	4
7	6	5	8	4	2	9	1	3

2	1	8	3	5	6	7	4	9
9	4	5	7	8	1	3	2	6
6	7	3	4	2	9	5	8	1
7	8	9	5	3	2	1	6	4
4	2	6	8	1	7	9	3	5
5	3	1	6	9	4	8	7	2
3	9	2	1	4	8	6	5	7
1	5	7	2	6	3	4	9	8
8	6	4	9	7	5	2	1	3

Solutions

89

6	8	5	2	1	4	9	7	3
4	3	2	6	7	9	1	8	5
7	1	9	8	5	3	2	6	4
1	4	6	5	3	8	7	9	2
5	7	8	1	9	2	3	4	6
9	2	3	4	6	7	5	1	8
2	6	7	9	4	5	8	3	1
8	9	1	3	2	6	4	5	7
3	5	4	7	8	1	6	2	9

90

6	3	7	9	8	2	1	5	4
2	5	4	1	7	6	8	3	9
1	8	9	5	4	3	2	7	6
3	9	1	4	2	5	7	6	8
5	6	2	7	1	8	9	4	3
4	7	8	3	6	9	5	2	1
7	2	6	8	9	4	3	1	5
9	1	5	6	3	7	4	8	2
8	4	3	2	5	1	6	9	7

Solutions

91

6	7	4	3	2	9	1	5	8
5	2	9	7	1	8	6	4	3
1	8	3	4	6	5	9	2	7
3	5	8	6	4	7	2	1	9
4	6	7	1	9	2	3	8	5
9	1	2	8	5	3	4	7	6
8	4	5	9	3	1	7	6	2
2	9	6	5	7	4	8	3	1
7	3	1	2	8	6	5	9	4

92

4	6	3	9	2	5	8	1	7
8	9	1	3	4	7	6	2	5
2	5	7	8	1	6	9	4	3
1	3	5	4	7	8	2	9	6
7	2	4	1	6	9	5	3	8
9	8	6	5	3	2	4	7	1
5	4	2	7	8	1	3	6	9
6	1	9	2	5	3	7	8	4
3	7	8	6	9	4	1	5	2

Solutions

93

9	1	3	5	7	8	4	6	2
5	2	4	6	1	9	7	3	8
6	7	8	3	2	4	1	9	5
7	6	1	9	5	3	2	8	4
4	5	9	7	8	2	3	1	6
3	8	2	1	4	6	9	5	7
2	4	5	8	9	1	6	7	3
1	3	7	4	6	5	8	2	9
8	9	6	2	3	7	5	4	1

94

4	3	1	6	8	2	5	9	7
2	9	5	7	3	4	1	6	8
6	7	8	1	9	5	3	4	2
1	6	7	4	2	8	9	3	5
8	4	9	3	5	6	2	7	1
5	2	3	9	1	7	6	8	4
7	5	6	2	4	9	8	1	3
3	8	4	5	6	1	7	2	9
9	1	2	8	7	3	4	5	6

Solutions

95

5	9	2	3	4	6	7	1	8
4	8	7	2	5	1	6	9	3
3	1	6	8	9	7	5	2	4
9	3	5	4	7	8	2	6	1
2	7	8	1	6	5	3	4	9
1	6	4	9	3	2	8	7	5
8	4	3	7	2	9	1	5	6
6	2	9	5	1	3	4	8	7
7	5	1	6	8	4	9	3	2

96

3	8	6	9	7	5	2	1	4
9	5	1	6	2	4	8	7	3
2	7	4	3	1	8	6	5	9
7	6	2	4	5	9	3	8	1
5	1	8	7	6	3	4	9	2
4	9	3	2	8	1	7	6	5
1	3	5	8	4	6	9	2	7
6	2	9	1	3	7	5	4	8
8	4	7	5	9	2	1	3	6

Solutions

7	6	5	2	8	4	9	1	3
9	8	1	3	5	6	4	2	7
2	3	4	9	1	7	6	5	8
1	2	3	6	7	5	8	4	9
8	5	9	4	3	2	7	6	1
4	7	6	1	9	8	2	3	5
5	1	2	8	4	9	3	7	6
6	9	7	5	2	3	1	8	4
3	4	8	7	6	1	5	9	2

9	3	8	1	6	7	4	2	5
4	6	1	3	5	2	9	7	8
7	2	5	9	8	4	1	3	6
3	8	7	4	2	6	5	1	9
6	1	9	8	3	5	7	4	2
5	4	2	7	1	9	6	8	3
8	9	6	2	4	1	3	5	7
2	5	4	6	7	3	8	9	1
1	7	3	5	9	8	2	6	4

Solutions

6	2	7	4	9	3	1	8	5
9	8	3	7	5	1	2	6	4
5	4	1	6	2	8	7	3	9
4	9	6	1	8	7	5	2	3
7	1	2	5	3	4	8	9	6
8	3	5	9	6	2	4	7	1
1	6	8	3	7	5	9	4	2
2	5	9	8	4	6	3	1	7
3	7	4	2	1	9	6	5	8

6	5	1	7	3	4	9	2	8
8	7	9	6	1	2	4	3	5
3	2	4	8	9	5	6	7	1
7	3	8	9	4	6	1	5	2
1	6	2	3	5	7	8	4	9
4	9	5	1	2	8	3	6	7
9	1	7	2	6	3	5	8	4
5	8	6	4	7	1	2	9	3
2	4	3	5	8	9	7	1	6

Solutions

101

3	9	1	8	2	6	7	4	5
2	6	4	3	7	5	9	1	8
7	8	5	1	4	9	2	3	6
9	5	6	2	8	3	4	7	1
8	1	3	7	5	4	6	9	2
4	2	7	6	9	1	5	8	3
1	3	9	5	6	7	8	2	4
5	7	2	4	1	8	3	6	9
6	4	8	9	3	2	1	5	7

102

5	2	6	3	4	9	7	8	1
9	4	7	1	2	8	6	5	3
8	1	3	7	6	5	4	9	2
6	5	4	9	3	2	8	1	7
1	3	2	6	8	7	9	4	5
7	8	9	5	1	4	2	3	6
2	7	1	8	9	3	5	6	4
3	9	5	4	7	6	1	2	8
4	6	8	2	5	1	3	7	9

103

3	1	7	8	4	6	2	9	5
2	6	9	3	7	5	1	4	8
4	5	8	2	1	9	3	7	6
1	3	6	9	5	7	8	2	4
5	7	2	1	8	4	6	3	9
8	9	4	6	2	3	5	1	7
7	8	1	4	6	2	9	5	3
6	4	3	5	9	1	7	8	2
9	2	5	7	3	8	4	6	1

104

2	6	4	3	9	7	5	1	8
5	9	3	6	1	8	7	4	2
1	8	7	4	2	5	6	9	3
3	4	6	7	8	2	9	5	1
8	5	2	1	4	9	3	7	6
7	1	9	5	6	3	2	8	4
6	2	1	9	7	4	8	3	5
4	7	5	8	3	6	1	2	9
9	3	8	2	5	1	4	6	7

Solutions

105

2	9	5	1	7	6	8	4	3
8	3	4	2	9	5	6	1	7
1	7	6	8	3	4	9	2	5
4	2	9	3	6	1	5	7	8
5	1	8	7	4	9	3	6	2
3	6	7	5	8	2	1	9	4
6	8	3	4	1	7	2	5	9
7	5	1	9	2	3	4	8	6
9	4	2	6	5	8	7	3	1

106

4	5	9	6	2	1	3	8	7
7	2	3	5	8	4	6	9	1
8	1	6	3	9	7	4	5	2
6	3	7	1	5	2	8	4	9
1	4	8	7	3	9	2	6	5
2	9	5	4	6	8	1	7	3
3	7	4	8	1	5	9	2	6
9	8	1	2	7	6	5	3	4
5	6	2	9	4	3	7	1	8

107

6	5	7	4	2	9	8	1	3
1	9	2	8	6	3	5	7	4
4	8	3	7	1	5	2	6	9
2	7	5	3	8	6	4	9	1
3	1	9	2	7	4	6	5	8
8	4	6	9	5	1	7	3	2
7	6	8	1	3	2	9	4	5
5	3	4	6	9	8	1	2	7
9	2	1	5	4	7	3	8	6

108

5	8	9	2	3	6	7	4	1
1	3	4	5	7	8	9	2	6
2	7	6	4	1	9	5	3	8
4	2	5	3	8	7	1	6	9
8	9	7	1	6	4	3	5	2
6	1	3	9	2	5	8	7	4
7	5	1	8	4	2	6	9	3
3	6	2	7	9	1	4	8	5
9	4	8	6	5	3	2	1	7

Solutions

109

4	6	5	2	3	8	9	1	7
9	7	3	6	1	5	2	4	8
2	1	8	4	9	7	5	3	6
8	3	4	7	5	9	1	6	2
1	2	6	8	4	3	7	5	9
7	5	9	1	6	2	3	8	4
6	4	2	5	7	1	8	9	3
3	8	1	9	2	4	6	7	5
5	9	7	3	8	6	4	2	1

110

3	9	2	8	1	4	5	7	6
1	8	7	2	6	5	9	3	4
6	4	5	3	7	9	8	1	2
5	1	8	6	9	3	4	2	7
7	3	4	5	2	8	1	6	9
2	6	9	7	4	1	3	5	8
8	2	1	9	5	7	6	4	3
4	7	3	1	8	6	2	9	5
9	5	6	4	3	2	7	8	1

Solutions

111

7	1	8	4	6	9	2	5	3
9	6	3	5	2	1	8	7	4
5	2	4	3	8	7	6	1	9
4	7	1	2	3	8	5	9	6
3	9	6	7	4	5	1	8	2
2	8	5	9	1	6	4	3	7
8	3	7	6	5	2	9	4	1
6	5	9	1	7	4	3	2	8
1	4	2	8	9	3	7	6	5

112

5	1	6	7	4	3	2	9	8
8	4	9	1	5	2	6	3	7
3	7	2	8	9	6	4	1	5
7	8	4	6	2	9	3	5	1
1	2	5	4	3	7	8	6	9
6	9	3	5	1	8	7	2	4
4	5	7	3	6	1	9	8	2
2	3	1	9	8	4	5	7	6
9	6	8	2	7	5	1	4	3

Solutions

113

4	7	5	6	1	8	2	9	3
1	3	9	2	5	7	6	8	4
2	6	8	4	3	9	5	7	1
6	8	4	1	2	3	9	5	7
9	2	7	5	8	4	3	1	6
3	5	1	7	9	6	8	4	2
5	1	6	9	7	2	4	3	8
7	4	3	8	6	5	1	2	9
8	9	2	3	4	1	7	6	5

114

7	3	2	4	8	5	9	1	6
9	5	1	6	3	2	4	7	8
8	4	6	1	9	7	2	5	3
6	2	3	7	5	9	1	8	4
4	9	7	3	1	8	5	6	2
5	1	8	2	4	6	3	9	7
2	6	4	5	7	1	8	3	9
3	8	5	9	6	4	7	2	1
1	7	9	8	2	3	6	4	5

115

2	5	1	4	9	7	6	3	8
8	6	7	1	5	3	4	2	9
9	4	3	8	6	2	1	7	5
5	1	2	7	4	8	3	9	6
6	8	9	2	3	5	7	4	1
7	3	4	6	1	9	5	8	2
1	9	6	3	8	4	2	5	7
3	7	5	9	2	1	8	6	4
4	2	8	5	7	6	9	1	3

116

9	3	1	2	4	5	8	6	7
4	7	6	3	8	1	2	9	5
5	8	2	9	7	6	1	3	4
2	5	3	7	1	8	9	4	6
1	9	4	6	2	3	7	5	8
7	6	8	5	9	4	3	2	1
6	1	7	4	3	9	5	8	2
3	2	5	8	6	7	4	1	9
8	4	9	1	5	2	6	7	3

Solutions

117

8	3	7	4	9	1	2	5	6
6	9	5	2	3	7	8	1	4
1	2	4	5	8	6	7	9	3
9	6	3	8	4	5	1	2	7
4	7	8	1	6	2	5	3	9
5	1	2	9	7	3	6	4	8
3	8	1	6	2	4	9	7	5
2	4	6	7	5	9	3	8	1
7	5	9	3	1	8	4	6	2

118

9	4	8	1	2	7	6	5	3
6	7	3	9	4	5	8	2	1
1	5	2	6	8	3	9	4	7
7	2	4	3	5	9	1	8	6
5	8	1	2	7	6	4	3	9
3	6	9	8	1	4	5	7	2
8	1	6	5	3	2	7	9	4
2	9	7	4	6	8	3	1	5
4	3	5	7	9	1	2	6	8

119

6	4	8	7	2	3	5	1	9
3	5	1	6	8	9	2	4	7
9	2	7	4	1	5	6	8	3
5	3	9	8	6	2	4	7	1
7	6	4	3	5	1	9	2	8
1	8	2	9	7	4	3	5	6
4	7	6	2	3	8	1	9	5
2	1	3	5	9	7	8	6	4
8	9	5	1	4	6	7	3	2

120

7	1	4	9	5	6	2	3	8
6	3	2	8	1	7	5	4	9
5	9	8	3	2	4	1	7	6
8	2	7	5	6	3	4	9	1
4	6	9	2	8	1	7	5	3
1	5	3	7	4	9	6	8	2
3	4	1	6	9	5	8	2	7
9	8	6	4	7	2	3	1	5
2	7	5	1	3	8	9	6	4

Solutions

121

6	1	5	3	7	8	4	2	9
2	8	9	1	6	4	5	7	3
7	4	3	5	9	2	8	1	6
8	7	6	2	4	3	1	9	5
5	3	2	6	1	9	7	8	4
1	9	4	7	8	5	6	3	2
9	5	7	4	2	1	3	6	8
4	6	8	9	3	7	2	5	1
3	2	1	8	5	6	9	4	7

122

8	3	5	1	7	6	2	4	9
4	7	2	3	8	9	6	1	5
1	6	9	4	5	2	3	7	8
7	8	6	5	1	3	9	2	4
5	9	1	6	2	4	8	3	7
2	4	3	7	9	8	1	5	6
6	5	4	8	3	1	7	9	2
3	2	7	9	6	5	4	8	1
9	1	8	2	4	7	5	6	3

Solutions

123

9	1	5	7	8	3	6	4	2
2	8	4	1	6	5	9	3	7
6	3	7	9	2	4	1	8	5
3	4	9	5	1	8	2	7	6
5	7	1	6	4	2	8	9	3
8	6	2	3	9	7	5	1	4
4	5	6	8	7	1	3	2	9
7	9	8	2	3	6	4	5	1
1	2	3	4	5	9	7	6	8

124

5	1	2	4	8	9	6	7	3
9	8	6	7	5	3	1	2	4
3	4	7	2	1	6	8	9	5
7	3	4	6	9	1	5	8	2
8	9	1	5	3	2	4	6	7
6	2	5	8	4	7	9	3	1
1	6	8	3	7	4	2	5	9
2	7	9	1	6	5	3	4	8
4	5	3	9	2	8	7	1	6

Solutions

125

6	5	2	1	7	9	4	8	3
1	7	8	2	4	3	6	9	5
3	4	9	8	5	6	1	7	2
2	6	1	9	3	7	5	4	8
4	3	5	6	8	2	7	1	9
8	9	7	5	1	4	3	2	6
7	2	6	3	9	1	8	5	4
5	1	3	4	2	8	9	6	7
9	8	4	7	6	5	2	3	1

126

2	6	1	7	4	8	9	5	3
8	5	9	1	2	3	6	4	7
3	4	7	9	6	5	8	2	1
6	7	2	8	3	1	4	9	5
4	1	3	2	5	9	7	8	6
5	9	8	4	7	6	3	1	2
7	8	5	6	9	2	1	3	4
1	3	4	5	8	7	2	6	9
9	2	6	3	1	4	5	7	8

127

3	9	7	8	5	1	6	4	2
5	8	6	2	4	9	7	1	3
1	4	2	3	6	7	8	9	5
6	1	9	7	3	4	2	5	8
7	5	8	9	2	6	4	3	1
4	2	3	5	1	8	9	6	7
2	3	4	6	8	5	1	7	9
8	7	1	4	9	3	5	2	6
9	6	5	1	7	2	3	8	4

128

2	6	3	8	1	9	7	5	4
4	7	9	6	3	5	2	1	8
5	8	1	4	7	2	9	3	6
8	3	7	9	4	1	5	6	2
6	4	2	5	8	3	1	7	9
1	9	5	7	2	6	4	8	3
3	1	8	2	5	4	6	9	7
7	2	6	1	9	8	3	4	5
9	5	4	3	6	7	8	2	1

Solutions

129

4	1	6	7	5	3	9	8	2
7	3	9	6	2	8	5	4	1
2	8	5	9	1	4	7	6	3
5	9	1	8	6	2	4	3	7
8	4	7	3	9	5	1	2	6
3	6	2	1	4	7	8	9	5
9	2	3	5	8	1	6	7	4
6	5	4	2	7	9	3	1	8
1	7	8	4	3	6	2	5	9

130

3	5	7	2	1	6	8	4	9
9	8	2	5	4	7	1	6	3
6	4	1	3	9	8	5	7	2
1	2	3	8	6	9	4	5	7
4	9	6	1	7	5	3	2	8
5	7	8	4	3	2	6	9	1
2	1	5	7	8	4	9	3	6
8	6	4	9	2	3	7	1	5
7	3	9	6	5	1	2	8	4

Solutions

131

8	6	3	2	5	4	7	9	1
4	7	9	8	3	1	6	2	5
2	1	5	7	6	9	8	3	4
9	5	2	3	7	8	1	4	6
1	4	6	9	2	5	3	8	7
7	3	8	4	1	6	9	5	2
3	2	4	1	9	7	5	6	8
5	9	7	6	8	2	4	1	3
6	8	1	5	4	3	2	7	9

132

6	3	7	2	4	1	5	8	9
4	1	2	8	9	5	7	3	6
9	8	5	6	3	7	4	2	1
7	2	1	5	8	4	6	9	3
3	5	6	7	2	9	8	1	4
8	9	4	1	6	3	2	5	7
5	4	8	9	1	6	3	7	2
2	6	9	3	7	8	1	4	5
1	7	3	4	5	2	9	6	8

Solutions

133

1	9	3	7	8	4	5	2	6
6	7	8	5	3	2	9	4	1
4	5	2	6	9	1	7	3	8
7	3	6	1	4	8	2	5	9
8	4	9	3	2	5	1	6	7
5	2	1	9	6	7	4	8	3
2	8	7	4	1	6	3	9	5
9	1	4	8	5	3	6	7	2
3	6	5	2	7	9	8	1	4

134

5	4	3	7	9	8	2	6	1
6	8	9	4	1	2	5	7	3
7	1	2	3	5	6	9	8	4
2	5	6	1	4	7	8	3	9
3	7	8	6	2	9	1	4	5
4	9	1	5	8	3	6	2	7
1	3	7	2	6	5	4	9	8
8	2	4	9	3	1	7	5	6
9	6	5	8	7	4	3	1	2

135

7	5	2	6	1	9	3	8	4
1	6	9	4	8	3	2	5	7
8	4	3	7	2	5	1	9	6
5	7	4	3	9	8	6	1	2
6	3	1	5	7	2	9	4	8
2	9	8	1	6	4	5	7	3
4	2	6	9	5	7	8	3	1
9	1	7	8	3	6	4	2	5
3	8	5	2	4	1	7	6	9

136

8	9	4	2	7	3	1	6	5
3	7	5	4	6	1	9	2	8
1	6	2	8	5	9	4	7	3
6	2	3	5	1	8	7	4	9
4	1	7	9	3	6	5	8	2
5	8	9	7	2	4	3	1	6
2	3	8	1	4	5	6	9	7
9	5	1	6	8	7	2	3	4
7	4	6	3	9	2	8	5	1

Solutions

137

2	9	3	6	8	1	4	7	5
4	1	5	3	7	9	6	8	2
8	7	6	4	2	5	1	3	9
7	8	4	2	5	3	9	1	6
9	3	1	7	4	6	5	2	8
5	6	2	1	9	8	7	4	3
6	2	8	9	1	4	3	5	7
1	5	9	8	3	7	2	6	4
3	4	7	5	6	2	8	9	1

138

8	7	1	9	2	4	5	3	6
3	6	4	1	7	5	2	8	9
9	2	5	8	3	6	7	1	4
4	9	8	6	5	7	3	2	1
7	3	2	4	9	1	6	5	8
5	1	6	2	8	3	4	9	7
6	8	7	5	1	2	9	4	3
2	4	9	3	6	8	1	7	5
1	5	3	7	4	9	8	6	2

139

9	5	2	7	8	1	6	3	4
8	6	1	9	3	4	5	2	7
3	4	7	2	5	6	9	1	8
7	9	3	4	2	5	1	8	6
2	1	4	8	6	3	7	5	9
6	8	5	1	7	9	3	4	2
5	2	8	3	9	7	4	6	1
4	3	9	6	1	8	2	7	5
1	7	6	5	4	2	8	9	3

140

7	2	4	1	9	5	3	8	6
8	3	9	2	6	7	5	4	1
1	6	5	3	8	4	7	9	2
9	7	2	6	1	8	4	3	5
6	8	3	4	5	2	9	1	7
4	5	1	9	7	3	2	6	8
3	1	7	8	2	9	6	5	4
5	4	6	7	3	1	8	2	9
2	9	8	5	4	6	1	7	3

Solutions

141

2	9	7	5	4	8	6	1	3
8	5	3	2	6	1	9	7	4
6	1	4	7	3	9	5	2	8
4	6	5	8	7	3	2	9	1
9	2	1	4	5	6	3	8	7
7	3	8	1	9	2	4	6	5
5	7	9	6	1	4	8	3	2
3	4	2	9	8	7	1	5	6
1	8	6	3	2	5	7	4	9

142

6	9	2	5	1	3	4	7	8
1	4	5	8	9	7	3	2	6
8	3	7	6	2	4	1	9	5
7	8	3	1	5	6	9	4	2
5	2	9	3	4	8	7	6	1
4	6	1	9	7	2	8	5	3
9	5	4	2	3	1	6	8	7
2	1	6	7	8	9	5	3	4
3	7	8	4	6	5	2	1	9

Solutions

143

8	5	4	6	7	1	9	3	2
9	7	3	5	4	2	8	6	1
6	2	1	9	3	8	7	4	5
3	6	7	8	5	4	1	2	9
2	1	9	3	6	7	4	5	8
4	8	5	1	2	9	3	7	6
1	3	2	7	9	5	6	8	4
7	4	8	2	1	6	5	9	3
5	9	6	4	8	3	2	1	7

144

8	9	4	2	6	5	3	1	7
6	2	7	3	8	1	9	4	5
1	3	5	4	9	7	6	8	2
5	7	3	9	2	4	1	6	8
4	1	8	5	3	6	2	7	9
2	6	9	7	1	8	5	3	4
3	8	2	6	7	9	4	5	1
7	4	6	1	5	2	8	9	3
9	5	1	8	4	3	7	2	6

Solutions

145

3	4	2	7	6	8	5	1	9
7	1	8	9	3	5	4	6	2
9	5	6	1	2	4	8	3	7
8	3	4	6	9	2	1	7	5
5	2	9	4	7	1	6	8	3
6	7	1	8	5	3	2	9	4
2	8	3	5	1	7	9	4	6
1	6	5	3	4	9	7	2	8
4	9	7	2	8	6	3	5	1

146

1	2	7	3	6	8	5	9	4
5	4	9	1	7	2	3	6	8
6	3	8	5	9	4	1	7	2
7	6	2	9	4	3	8	1	5
9	1	5	2	8	7	4	3	6
3	8	4	6	5	1	7	2	9
2	9	1	4	3	5	6	8	7
4	7	3	8	2	6	9	5	1
8	5	6	7	1	9	2	4	3

Solutions

147

2	3	4	8	7	5	9	6	1
9	7	5	1	2	6	8	3	4
1	8	6	3	4	9	7	2	5
5	9	2	4	1	3	6	7	8
3	4	7	6	8	2	1	5	9
6	1	8	5	9	7	3	4	2
4	6	3	9	5	8	2	1	7
7	5	9	2	6	1	4	8	3
8	2	1	7	3	4	5	9	6

148

5	6	1	4	3	8	2	9	7
3	9	4	5	2	7	8	6	1
2	8	7	6	9	1	5	4	3
4	7	5	2	6	3	9	1	8
8	2	6	9	1	5	3	7	4
1	3	9	7	8	4	6	2	5
7	1	2	8	5	9	4	3	6
6	4	8	3	7	2	1	5	9
9	5	3	1	4	6	7	8	2

Solutions

5	1	8	7	4	2	9	6	3
7	6	2	3	8	9	1	4	5
9	4	3	5	1	6	2	8	7
4	5	9	8	6	3	7	1	2
3	8	7	2	5	1	4	9	6
1	2	6	4	9	7	3	5	8
8	7	5	1	2	4	6	3	9
6	3	1	9	7	5	8	2	4
2	9	4	6	3	8	5	7	1

3	1	5	6	8	9	4	7	2
9	7	8	2	4	1	3	5	6
6	2	4	7	3	5	9	1	8
1	6	2	3	5	4	8	9	7
8	5	9	1	6	7	2	4	3
4	3	7	8	9	2	5	6	1
7	4	3	5	1	8	6	2	9
2	9	6	4	7	3	1	8	5
5	8	1	9	2	6	7	3	4

Solutions

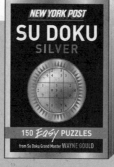
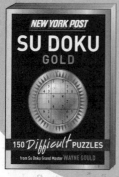

Puzzles by Pappocom presents

www.sudoku.com

the Su Doku website for all Su Doku fans. Check
it out for tips on solving, and for all the latest
news in the world of Sudoku.

Want more puzzles
of your favorite grade?

For an endless supply of the best Su Doku
puzzles get the **Sudoku program** for your
Windows PC. Download a 28-day free
try-out version of the program from
www.sudoku.com/download.htm

*Here's what you can do with the computer program
that you cannot do with pencil and paper:*

- Never run out of the grade of puzzle you
  enjoy the most
- Check whether your answer is correct with just
  one click
- Elect to be alerted if you make a wrong entry
- Delete numbers easily, with just a click
- Elect to have your puzzles timed, automatically
- Get hints, if you need them
- Replay the same puzzle, as many times as
  you like